D0554662

ST HELENA PUBLIC LIBRARY
1492 LIBRARY LANE
ST HELENA CA 94574 1143
(707) 963-5244

. . . .

Ex libris

Andricain, Sergio, 1956-
    Un zoológico en casa / Sergio Andricaín ; Olga Cuéllar. --
Edición Mireya Fonseca. -- Bogotá: Panamericana Editorial, 2005.

    36 p. : il. ; 22 cm. -- (Colección sueños de papel)

    ISBN 978-958-30-1738-4

    1. Poesía infantil 2. Animales - Poesías I. Cuéllar, Olga, il. II.
Fonseca, Mireya, ed. III. Tít. IV. Serie
I863.6 cd 19 ed.
AJC5695

    CEP-Banco de la República-Biblioteca Luis Ángel Arango

2/15

Un zoológico en casa

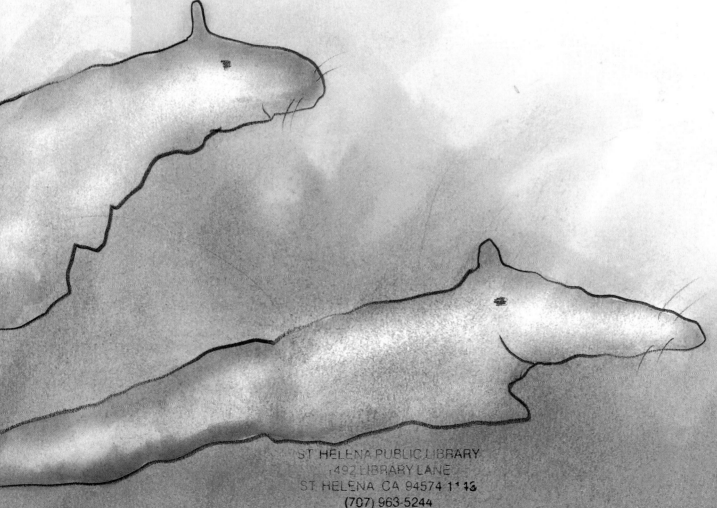

ST. HELENA PUBLIC LIBRARY
1492 LIBRARY LANE
ST HELENA CA 94574 1143
(707) 963-5244

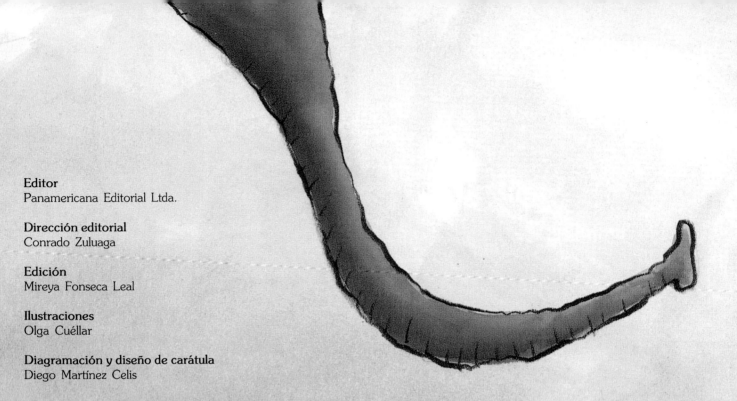

Editor
Panamericana Editorial Ltda.

Dirección editorial
Conrado Zuluaga

Edición
Mireya Fonseca Leal

Ilustraciones
Olga Cuéllar

Diagramación y diseño de carátula
Diego Martínez Celis

Segunda reimpresión, enero de 2010
Primera edición, mayo de 2005

© Sergio Andricaín
© Panamericana Editorial Ltda.
Calle 12 No. 34-30, Tels.: (57 1) 3603077 - 2770100
Fax: (57 1) 2373805
www.panamericanaeditorial.com
Bogotá D. C., Colombia

ISBN 978-958-30-1738-4

Todos los derechos reservados.
Prohibida su reproducción total o parcial
por cualquier medio sin permiso del Editor.

Impreso por Panamericana Formas e Impresos S. A.
Calle 65 No. 95-28, Tels.: (57 1) 4302110 - 4300355, Fax: (57 1) 2763008
Bogotá D. C., Colombia
Quien sólo actúa como impresor.

Impreso en Colombia   Printed in Colombia

Un zoológico en casa

Sergio Andricaín

Ilustraciones

Olga Cuéllar

SUEÑOS
DE PAPEL

PANAMERICANA
EDITORIAL

A todos los que aman
y protegen los animales.

Cada vez que voy
al zoológico, salgo con ganas de tener
uno de esos maravillosos animales
en mi casa.

Me gustaría tener un elefante,
pero mi mamá dice que no,

porque si pesca un resfriado
tendría que darle las sábanas
y los manteles para que
los use como pañuelos.

Daría cualquier cosa por tener un cocodrilo,
pero mi papá dice que no,

porque si le duele un diente
ningún dentista va a
querer atenderlo.

13

Quisiera tener una foca,
pero mi abuela dice que no,
porque mojaría todo el baño
con sus volteretas y saltos.

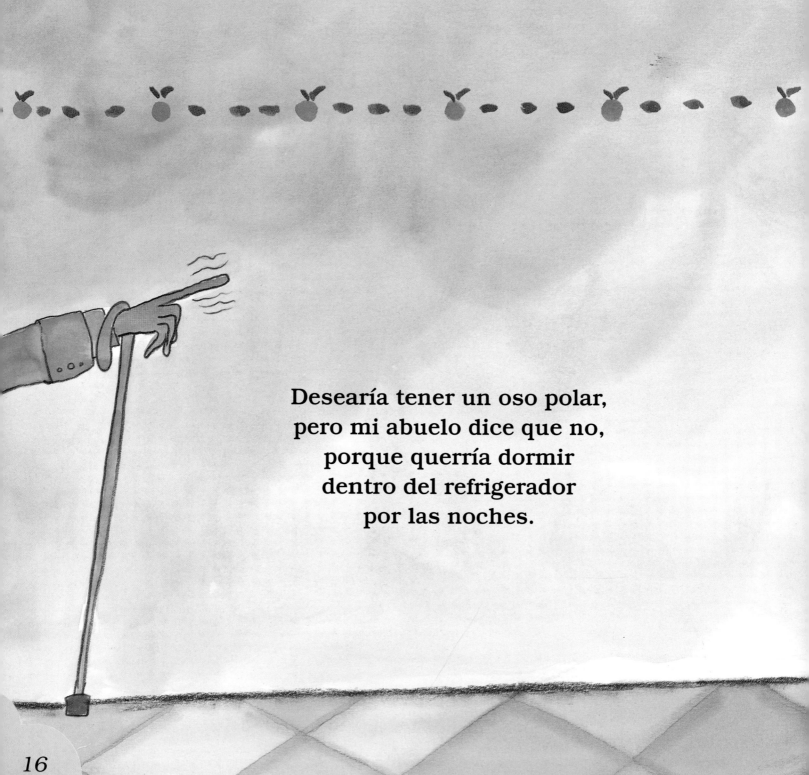

Desearía tener un oso polar,
pero mi abuelo dice que no,
porque querría dormir
dentro del refrigerador
por las noches.

16

17

Qué ganas de tener un canguro,
pero mi tía dice que no,

porque con sus saltos
y sus carreras rompería
todos los adornos.

19

Sueño con tener un león,
pero mi tío dice que no,
porque los vecinos
protestarían por
sus rugidos.

Qué no daría por
tener un rinoceronte,
pero mi hermana dice que no,
porque pincharía
los globos de los cumpleaños
con su cuerno.

23

Me muero por tener un águila,
pero mi hermano dice que no,
porque tendríamos que vivir
con las ventanas cerradas
para que no se escapara volando.

24

Tantas veces
me dijeron que no,
que llegué a pensar
que nunca podría tener
un animal en casa
y me puse muy triste.

27

Pero el día de mi cumpleaños,
mamá, papá, abuela, abuelo,
tía, tío y mis hermanos
me dieron una sorpresa.
Me regalaron un animal
con el que nunca había soñado.

Al principio
me pareció muy chiquito,
pero ahora no lo cambio
ni por un elefante,
ni por un cocodrilo,
ni por una foca,
ni por un oso polar,
ni por un canguro,
ni por un león,
ni por un rinoceronte,
ni por un águila.

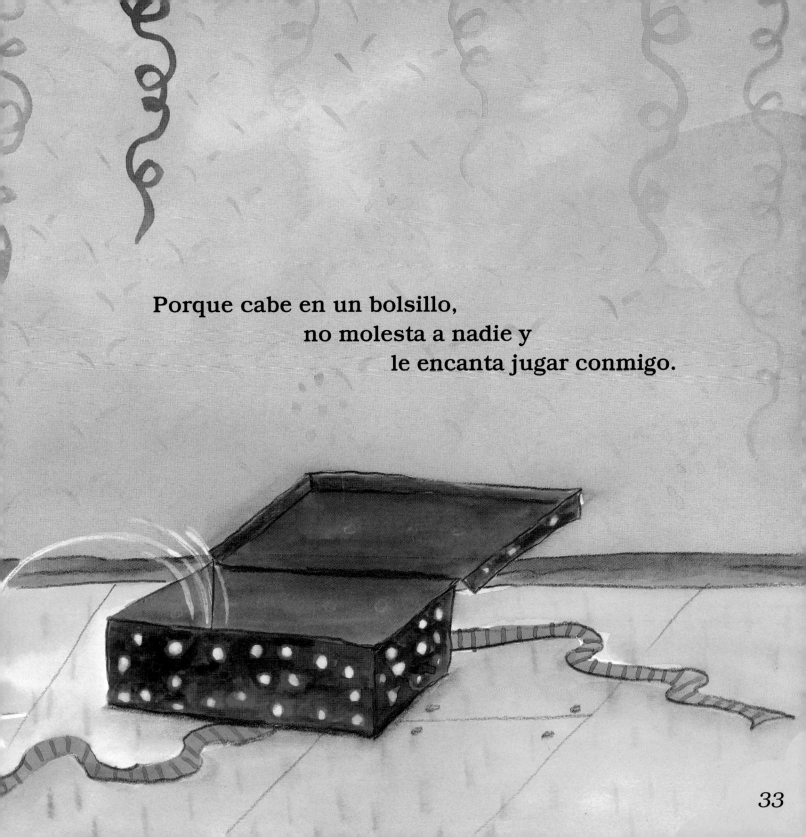

Porque cabe en un bolsillo,
no molesta a nadie y
le encanta jugar conmigo.